And Songsongsonglessness

by

Jane Tassi

E Nonuncantononuncantouncanto

translated into Italian by

Ned Condini

BORDIGHERA PRESS

Library of Congress Cataloging-in-Publication Data

Tassi, Jane.
   And songsongsonglessness = E nonuncantononuncantoun-
canto / Jane Tassi ; translated into Italian by Ned Condini.
      p. cm. -- (Bordighera poetry prize ; 5)
   ISBN 1-884419-60-7 (alk. paper) -- ISBN 1-884419-61-5
   I. Title: E nonuncantononuncantouncanto. II. Condini, Ned,
1940– III. Title. IV. Series.

PS3620.A87A54 2003
811'.6--dc21

                                    2003044343

*The Bordighera Poetry Pize is made possible by a generous grant from
The Sonia Raiziss-Giop Charitable Foundation.*

Printed in the United States.

Published by
BORDIGHERA PRESS
Department of Languages & Linguistics
Florida Atlantic University
777 Glades Road
Boca Raton, Florida 33431

BORDIGHERA POETRY PRIZE 5
ISBN 1-884419-60-7 (softcover)
ISBN 1-884419-61-5 (hardcover)

My Momma Dad Gramma
Margaret Loney Peter
172235343900
Poemsgiven

Poems Previously Published

Brighton Press (San Diego, CA):
Loess (Book of Poetry/Art: A Collaborative Work)
(Broadsides)
  "Classics Prof Departs Earth"
  "I Italy"
  "I Ireland" ("I Italy/ I Ireland")

The Viet nam Generation Big Book (Woodbridge, CT):
  "Goddamnedvietnam Like Goetterdaemmerung"
                                    (reprinted)
  "Ambush"
  "The Deathwright"
  "Ever Hitlers"
  "Interview The Quail Hunter" (reprinted)

Rolling Stone (New York, NY):
  "View"
  "Planting Cacti Without Thought"
  "When You Live At The North"
  "Lily"
  "Painted Poetry"
  "And Songsongsonglessness"
  "Christmas Service in Himalayas (telegram home)"
  "Ios, South Cyclades, Greece"
  "Goddamnedvietnam Like Goetterdaemmerung"
  "Afghanistan"
  "India"
  "Ambush"
  "The Deathwright"
  "Jim in Amazon"
  "Kurr Dogg"

Bridcage Review (UCSD):
  "View" (reprinted)
  "When You Live At The North" (reprinted)
  "Famine"

Posie Precedentement Pubblicate

Brighton Press (San Diego, CA):
Loess (Libro di Arte/Poesia; opera collettiva)
(Volantini)
"Professore di Lettere Classiche Lascia la Terra"
"Io Italia"
"Io Irlanda" ("Io Italia/Io Irlanda")

La generazione del Viet Nam Big Book (Woodbridge, CT):
"Maledettovietnam Come Goetterdaemmerung"
(ristampa)
"Imboscata"
"Artificeredimorte"
"Sempre gli Hitler"
"Intervista al Cacciatore di Quaglie" (ristampa)

Rolling Stone (New York, NY):
"Veduta"
"Piantando Cacti Spensierata"
"Quando Vivi Al Nord"
"Giglio"
"Poesia Dipinta"
"E Nonuncantononuncantouncanto"
"Messa di Natale negli Himalaya (telegramma a casa)"
"Ios, Cicladi Meridionali, Grecia"
"Maledettovietnam Come Goetterdaemmerung"
"Afganistan"
"India"
"Imboscata"
"Artificeredimorte"
"Jim sugli Amazzoni"
"Kaane Masstino"

Bridcage Review (UCSD):
"Veduta" (ristampa)
"Quando Vivi Al Nord" (ristampa)
"Carestia"

"Last Haircut"

"Too Poem"

"This Kid In Our Class, M.M."

"Quittance"

"Farm Kid Arted"

"But Soothed, But Swallowed"

"Interview The Quail Hunter" (reprinted)

Finalist: National Poetry Series, 1995

"Ultimo Taglio Capelli"
"Poesia Al Massimo"
"Questo Ragazzo Nella Nostra Classe, M.M."
"Pari"
"Il Campagnolo è Indottrinato"
"Inghiottito, Ma Confortato"
"Intervista Al Cacciatore di Quaglie" (ristampa)

Finalista nella Serie di Poesia Nazionale, 1995

AND SONGSONGSONGLESSNESS

E NONUNCANTONONUNCANTOUNCANTO

Table of Contents

Indice

III.

IV.

III.

IV.

I.

I.

the voice becomes

beseems now, bees

she says

she dreams

she bleeds

That bleeding will be to her
a dream

View

It's sunset —
The sun is many atom bombs.
I'm eight.
Wintertime coughs snow banks up.
I'm collecting fossils
in the gravel of the driveway.
My playmate died from a stick-in-the-eye,
yesterday.
He is the day darking without asking,
outright.
I am the hand, stony
out of the mitten
into the iced puddle looking.
Like a snake would curl up
I tell you,
I want to sleep
in the slow black and blow of a snowpool
some short minutes
no sunup —

voce diventa

essembra ora, esse

lei dice

lei sogna

sanguina

Quel sanguinare
per lei sarà un sogno

Veduta

Tramonto—
Il sole è molte bombe atomiche.
Ho otto anni.
L'inverno espettora banchi di neve.
Raccolgo fossili
nella ghiaia del vialetto.
Il mio compagno di giochi è morto ieri
quando un bastone gli perforò l'occhio.
È il giorno che abbuia
e che non chiede, punto.
Sono la mano che esce
pietrosa dalla manopola e guarda
nella pozzanghera di ghiaccio.
Come un serpente che s'arrotoli
ti dico,
voglio dormire
nel lento fiotto nero di uno sgelo
pochi minuti
e niente alba—

blood jumps out

calliope

runs over my hands

mesmeric

Like seas and lives and lilies
then eels in a dream

Planting Cacti
Without Thought

From the sour soil
a scorpion appears
leathered like dinosaur.
Darkgrey a dragon
size my fingerjoint;
tank.
Trowel pummels it
but she's almost
steel armored so
I strike him again
but it squins into
soft loam shaking
snake or eel resembling,
saving herself.
At last I guess
I get him;
killed.
Without thought
planting cacti.

il sangue balza fuori

organo che

mi scorre sulle dita

fascinoso

Come mari esistenze e gigli
e poi anguille in sogno

Piantando Cacti
Spensierata

Dall'acido terreno
uno scorpione appare
coriaceo dinosauro.
Nerogrigio un dragone
grosso come falange;
carro armato.
Lo batte una cazzuola
ma lei è corazzata
(quasi) di nuovo lo
colpisco si dilegua
in molle argilla simile
a serpe o ad un'anguilla,
sfugge illesa.
Alla fine l'ho sotto,
credo;
ammazzato.
Spensierata
piantando cacti.

I look up.

Stars transfer to me

in many bloody animal bites.

I curl down warm
in the dark igloo
of you   a dream

When You Live At The North

Without keel, mild:
my friend Denn
Polar Bear got him.
Lacking iodine
we played piano
against infection —
nothing comforted;
we told him
— lotus lake
— see soft grasses
— Ireland I whispered
our kid sat, knitted;
but something just
canoes him over.

Now, when I sleep
Polar Bears
can knock on the door
come in and sit down
or have tea;
but Polar Bears
won't enter the dream
where Denn trolls
toward the next town
to trade fish for whiskey

Guardo in aria.

Vogano stelle verso me

in tanti morsi sanguigni di animali.

Calda, mi accoccolo
nel cupo iglu che tu
sei   un sogno

Quando Vivi Al Nord

Instabile, mite:
il mio amico Denn
Orso Polare lo stese.
Mancando iodio
suonavamo il piano
contro infezioni—
niente rasserenava;
gli dicevamo
—lago di loto
—guarda erbe soffici
—Irlanda sussurrai
nostro figlio sedeva, lavorava a maglia;
ma qualcosa porta lui
sulla corrente, adagio.

Adesso quando dormo
Orsi Polari
possono bussare alla porta
entrare e accomodarsi
o degustare tè;
ma Orsi Polari
non entrano nel sogno
dove Denn con la lenza a traino va
verso la vicina città
a barattare pesce per whiskey

body goes

stove-refrigerator
stove-refrigerator

temperature flip-flops

Hissing marsh of illness
—hurly souled
—unstilled

Lily

The hospitalized child in
a train of hospital
meteor of hospital.
Lilies pillow her.

We are in poetry
we are in poetry
like a swimmer;
crocodiles hell the river.

il corpo fa

frigorifero-fornello
frigorifero-fornello

su e giù di gradi

Sibilante palude
di malattia — convulsa
anima in rovello

Giglio

La bimba ricoverata
in un ospedale treno
ospedale meteora.
Gigli fan da cuscino.

In poesia viviamo
viviamo in poesia
come chi nuota; infernano
il fiume coccodrilli.

a moth's wing Rembrandting

cancels my any desire for paradise

and says: one stops

Like a kidhand   youngdumb
arrests an insect in flight, laughing.
Jokey, as God does it

Painted Poetry

Someone laid her brush and took her brush away.
She left gold and blur there
she did not hope to live forever; she left
green or black there and minute cranes were flying.
The painting was breathing the air while drying.
She did not wish to live forever.

ala di falena che Rembrandtizza

spegne ogni mia voglia di paradiso

e dice: uno si ferma

Come una mano di bambino sciocco
blocca un insetto in volo e ride
per burla, come fa Dio

Poesia Dipinta

Qualcuno fermò il suo pennello e lo portò via.
Lei lasciò oro e bruma là, non sperava
di vivere per sempre; lei lasciò
verde o nero là e minuscole gru in volo.
Mentre asciugava, il dipinto inalava aria.
Lei non voleva vivere per sempre.

the house
the hot
the dark
the door

Your boy;
bright red is the heart's noise

And Songsongsonglessness

There are words in the other room
like blurred stars
and an animal sound
if an animal weeps.

It is apparent that the violin
in the violinman's hands
is his infant
coffin-cased.

la casa
la calura
la tenebra
la porta

Il tuo ragazzo;
rosso fuoco è il tumulto del cuore

E nonuncantononuncantouncanto

Nell'altra stanza esistono parole
come stelle indistinte
ed un suono animale
se un animale piange.

È ovvio che il violino
in mano al violinista
è il suo piccino
nell'astuccio-tomba.

ice-dressed

color

snow-only

Teahouses, Himalayas:
they are huts, cracking cold
each is heartbeat to encounter

Christmas Service In Himalayas
(telegram home)

Snow and cold
are such:
cup of tea
would be a church.

vestito di ghiaccio

colore

solo di neve

Sale da tè, Himalaya:
sono capanne, un freddo boia
ma il cuore batte se le entri

Messa di Natale negli Himalaya
(telegramma a casa)

Tali sono
neve e freddo:
che tazza di tè
sarebbe chiesa.

the sound

made of a river and red birds;

—talk comes forth elephants

—thought is all poison oak

Yet he's close to symphony
to tell it to me

Octogenarian

He is precious to himself
as if green eve and a rudd road
had wrestled
mother and father to make him.

His talk is tiger fight elephant:
elephant delicate maneuvers
of trunk, thought.

Now his jibbery brool
out outer room
poleaxes and sends swallows
through the wall to me.

Childwas, manwas.
And all attending phantoms
night the air.

il suono fatto

di un fiume e uccelli rossi;

—eloquio sboccia da elefanti

—il pensiero non è che quercia velenosa

Eppure lui è quasi sinfonia
per raccontarmelo

Ottuagenario

Si tiene di riguardo
come se sera verde e una strada rubizza
avessero lottato
con madre e padre per farlo.

Il suo linguaggio è tigre contro elefante:
squisite manovre di proboscide
elefantina, mente.

Ora il suo spezzettato cicaleccio
si fende un varco nella stanza
e mi invia rondini
attraverso la parete.

Erabimbo, erauomo.
E tutti i fantasmi presenzianti
annottano l'aria.

pound

pounder

harder

Perfumes of burned

sleep
&
time

Minuet

Gawking walking alone along a lane of chestnut trees
a horsecart and a car collide
and everything scans Dostoevskian;
the auburn mare pools to the ground
then her sound begins
then her face and legs splay.
The cart has spilled firewood.
The driver has ridden out the dashing.
The auto owner peers and pulls.

I thought the horse would explode from the chaos,
expire; but in the slowmotions of time that ensued

all was brought into order again:
people reunited with their endeavors
the beast was coaxed to stand
wood got repiled
and the gathered dispersed themselves
with smooth turns of their torsos
as if no blood nor noise had pinkscreamed there.
Loess stilled, dust particles slackened.
It was a thousand years old as it happened.

picchia

picchiatore

più forte

Essenze di bruciati

         sonno
           &
         tempo

Minuetto

Stralunata camminando sola lungo un corso di castagni
un carro e una macchina si scontrano
e tutto dice Dostojevsky;
la cavalla ramata innaffia il terreno di sangue
poi comincia a nitrire
e muso e gambe si lasciano andare.
Il carro ha sparso legna.
Il carradore è sopravvissuto al disastro.
Quello dell'auto scruta e aiuta.

Pensai che la cavalla sarebbe esplosa nel casino,
morta, ma nei moti a rallentatore che seguirono

tutto di nuovo fu riportato all'ordine:
la gente ancora fu solidale nello sforzo
la bestia fu persuasa a rizzarsi
la legna fu riaggiustata in pila
e i radunati si dispersero
con sciolte giravolte di torsi
come se sangue o fracasso mai avesse impazzato.
La bruna argilla si calmò, diminuì il pulviscolo.
Mentre accadeva, era già millenario.

siss   siss

   Carcharhinus

   Konstantinos

   their kills
   resemble
   kills of God

Ios, South Cyclades, Greece

Prior to attack Carcharhinus obscurus
circles, gently. A love poem.

Konstantinos:
              Each day you do not write;
at night you send a shark to me;
I am watching the beautiful swimming.
He delivers the   rose   and turns.

ino   ino

Carcharhinus

Costantino

i loro massacri
assomigliano
ai massacri di Dio

Ios, Cicladi Meridionali, Grecia

Prima dell'attacco il Carcharhynus obscurus
perlustra lento. Una poesia d'amore.

Costantino:
        Ogni giorno non scrivi;
di notte mi mandi un pescecane;
Io guardo l'incantevole nuotata.
Lui consegna la   rosa   e se ne va.

the belly is

        moony

the eyes

       moon

The incorporeal
the thing in flight
the wind around the flower

Famine

Tasaday Tribe,
             Philippines.

The woman
       instructs her son
that cave's
       warmth and his own
breathing
      are edible as
the yellow
     root.

il ventre è

        lunato

gli occhi

        luna

L'incorporeo
l'oggetto in volo
il vento intorno al fiore

Carestia

Tribù dei Tasaday,
        Filippine.

La donna
        insegna al figlio
che il caldo
        della cava e il suo
respiro
        si possono mangiare
come il tubero
        giallo.

now they've got ya
seasons & years worth
seconds & hours

Got you down to your last glass water
and few hundred steps
and four more murmurs
and scratch head once

Last Haircut

He breaks crackers into
cream
that the sick cat
can take sips
get better, maybe

Tells the kid, relax
have a nap.
"You're not sleeping on
a pillow of lion's belly,
Silly"

And goes out,
afternoon. A mammoth
barber named Judah
shaves him with
trim

Though December,
scented lilac
he comes home to
saunter round, round
the whited rooms

Glass water.
Kiss child.
To door, to car.
Warmish night.
Accident

adesso ti han preso
stagioni & anni che valgono
ore & secondi

Ridotto al tuo ultimo bicchier d'acqua
e poche centinaia di passi
e altri quattro mormorii
e una grattata alla testa

Ultimo Taglio Capelli

Sbocconcella biscottini
nel latte
così che il gatto
malato può leccare
forse migliorare

Dice al bambino, calma
fatti una dormitina.
"Non dormi mica sulla pelle
di un ventre di leone,
Scimmiottino"

E se n'esce,
meriggio. Un gigantesco
barbiere di nome Giuda
lo sbarba e riassesta
i capelli

Anche se è dicembre,
lillà profumato
rincasa e poi passeggia
tutt'intorno
per le stanze intonacate

Bicchiere d'acqua.
Bacia il bimbo.
Alla porta, alla macchina.
Notte un po' calda.
Incidente

O

O O

O O O

ogh   o   ou   oe

Van Gogh Michel Angelo
leadsfromthesoul
greaticefloes

Too Poem

Van Gogh's
                skies of only the vein
that leads from
                    the soul
                                blue

            married interwith

Michelangelo's hands
                        found
to contain
            great icefloes
                        of brain

O

O O

O O O

ogh   o   ou   oe

Van Gogh Michelangelo
ouverturedall'anima
groenlandichebanchisedighiaccio

Poesia Al Massimo

Di Van Gogh
                i cieli solo della vena
che guida dall'
                anima
                        azzurri

                intrecciato sposalizio

Le mani di Michelangelo
                        si sa
che contenevano
                grandi banchise
                        di cervello

horrors & angels

& horrors & crystals

of life

Watery field
give off —
green sleep

Classics Prof Departs Earth

The ebbing man floated
on a raft of zero color.

Seawater was ponies
under him.

He wept. It was more
seawater.

And grazed the raft in
boustrophedon swim.

O, ponies abandon him.

orrori & angeli

& orrori & cristalli

di vita

Campo di acqua
emanano—
sonno verde

Professore di Lingue Classiche Lascia la Terra

Alla deriva l'uomo galleggiò
su una zattera di colore zero.

L'acqua salmastra lo portava
a cavallo di pony.

Piangeva. Più
acqua salmastra.

Sfiorava la zattera in un nuoto
bustrofedico.

O, lo lasciano i pony.

—as with any death
occurring

—this is not earth
during

Of Qilakitsoq, Greenland 1500 AD

    Nimmed and transfixed
by exigencies of dearth and cold
the mummies of Qilakitsoq
are eight.
3 were 50
2—30
1—18
a 4 year old, and a boy of 6 months.
    They're an array of tumor,
lice, lead, cadmium
birdskin, sealskin, woven straw
undergarments, overwear; tattoos
polleny, wormsy faeces
healed fractures, thumb warts
soot-streamered lungs
and to the hundreds teeth: no caries.
    Their graves were lined
with White Arctic Bell-heather
Lily-of-the-Valley resembling;
the babe probably buried still living.
    His disk head stares
—has fur hood
—fern hair
—feather lashes;
a face that mixes
wind, moon, reedy fume,
sheer, awed, wingéd,
magnetic, fluorescent, attracting
and in no way stinking.
Inalienably angelic.

—per ogni morte
che occorre

—la terra
sempre scorre

Su Qilakitsoq, Groenlandia 1500 AD

    Ridotte in numero e inchiodate
da emergenze di freddo e povertà
le mummie di Qilakitsoq
sono otto.
3 cinquantenni
2 trentenni
una diciottenne
una quattrenne, e un maschio di sei mesi.
    Sciorinano tumore,
pidocchi, piombo, cadmio
pelle d'uccello, pelle di foca, paglia intrecciata
biancheria intima, anorak; tatuaggi
feci con vermi e polline
fratture risanate, porri al pollice
polmoni festonati di fuliggine
e denti a centinaia: niente carie.
    Le tombe erano foderate di Erica
a Campanule Bianche dell'Artico
simile al Mughetto; il bimbetto
probabilmente sepolto ancora vivo.
    La sua testa a disco ci fissa
—cappuccio di pelliccia
—capelli di felce
—ciglia di piuma;
un volto che combina
vento, luna, esalazioni di giuncheti,
puro, adorante, alato,
magnetico, fluorescente, attraente
e assolutamente non putente.
Angelico inalienabilmente.

raze

razz

razzmatazz

stop-it-bullet

burr   burn

bomb   balm

Pebbles
in the mouth
of the moon

Goddamnedvietnam Like Goetterdaemmerung

Racing eating roses
through lime trees
ceaseless sadnesses
and chinese trees —

I've come to a pond
of young animal. He is
fur and syrup and bullet —

A bomb. Sh, rush. Flute delicate
and warm; has eaten lunch the
size of a swan from the shoulders —

Embalm him with ineffables impalpables
snow, stones.
Take him to the mountain bottom.
Leave him for food for the moon.

radere

deridere

tuttoincretinibile
                    sparorisolutore

                    lappola   bruciore

                    bomba   balsamo

                            Ciottoli
                            nella bocca
                            della luna

Maledettovietnam Come Goetterdaemmerung

Correre mangiando rose
attraverso tigli
tristezze senza fine
e alberi cinesi—

Sono arrivata a un giovane animale
stagnante. È pelle
siero e pallottola—

Una bomba. Mosca, e fa in fretta. Delicato
e tiepido flauto; ha fatto colazione
grande come un cigno dalle ali in giù—

Imbalsamalo con ineffabili impalpabili
neve, pietre.
Portalo al fondo della montagna.
Lascialo in pasto alla luna.

II.

II.

England, Aquatint

Steeped pages of Boswell
on vellum

nicked from the Bodleian
tastes the tea;

the city's burnished
gravy air

and breathtake greygreen
of hillocks in rain;

too, the off-on spigotty sun
and all the tickling lice of stars,

then chews and sips
on suet and char:

so one's first sojourn
and sherry
and kiss below the belly.

Inghilterra, Acquatinta

Pregnanti pagine di Boswell
su pergamena

fregate alla Bodleiana
assaggia il tè;

l'aria della città
salsa brunita

e mozzafiato grigioverde
di colline nella pioggia;

anche il sole fuori e no come un rubinetto,
e i vellicanti pidocchi delle stelle,

e morsi e sorsi
di strutto e char*:

così il primo soggiorno
di una e sherry e bacino
sotto il pancino.

*char: tè

I Ireland

Memoried of memory
most memorine
 island rendered
 poteen-colored
at sundown
menthe shawled for noon

Nights awalk the rock road
roses of star
 buzzes of light
 trip the senses, then
clip at logics to
end any reverie, any

Here regard hard
that the town's
 cemetery and library
 match in metabolism
children
ghost both

Eye this scene
to be savored ever
 bundled grasses
 pebble of salt
a windfall and a slivered thing
a newborn's or an old man's rib

tossed to the soup pot
boiled up, feeding
 who human here, and common
 live then to become
sovereign
ultimately tiny and finally mammoth

Io Irlanda

Memoriata di memorie
memorabili
 isola resa
 color malto
al tramonto
una sciarpa di menta a mezzogiorno

Notti in cammino per la strada rocciosa
rose di stella
 ronzii di luce
 frastornano i sensi, poi
galoppano verso logiche a bloccare
del tutto ogni fantasticare

Qui guarda bene
che la civica
 biblioteca e con essa il cimitero
 abbian metabolismo pari
bambini
adombrano ambedue

Contempla questa scena
da godere per sempre
 erbe in fasci
 ciottolo di sale
una manna e un oggetto a spicchi
la costola di un vecchio o di un neonato

buttata nel paiolo della zuppa
bollita, a nutrire
 chi è umano qui, e solidale
 viva poi per diventare
sovrana
piccola in ultimo e alla fine grandiosa

Spain, Acrylic

The diesel scalpel
guts its stretch of sea.

Glee to ride the vibrant trough
get there

quick and comely
to the olive orchard isle Ibiza.

And there a cantina harbors an arted,
rat-skulled, nose, eyed,

guitaring congenital syphilitic twenty looking sixty acting nine

whose music makes its choice
to furnace or to ice.

Observed: the patrons sip him
sit in rapt dissolve

though all their jumbled
gizmo hearts

whir musicless,
uncanticled and yawing.

Spagna, Acrilico

Il bisturi diesel sventra
la sua distesa di mare.

Gioia cavalcare
il vibrante trògolo — arrivare

svelta e avvenente
al frutteto di olivi isola Ibiza.

E là una taverna ospita un quasi-artista
cranio naso occhi di pantegana, chitarrico

congenito sifilitico ventenne sembra sessantenne si comporta da novenne

la sua musica sceglie
di ardere o ghiacciare.

Notato: i clienti se lo bevono
siedono sciolti in estasi

anche se tutti i loro
confusi cuori-macchinette

ronzano amusicali, senza cantici
e straorzano.

I Italy

Sound will do what, and colors who?
Hill, hill, mounts, water;
sunfired sunflower field to the sea,
cindery Vesuvius, stone snows of Carrara.

A venetian blue button
sought in-out at thirty shops,
purchased

A mushroom large and browned golden
as cow-splat,
acquired

A one-town ruddy wine pursued through
the winding valleys of the Apennines,
got

The distance trills with murmuring
like red and blue purpling,
meanderer

There can be no paradise
like this boying, girl-filled, fluted voice
vespering air, sealed in its glade,
a soul climbing out of flesh clothes.

Io Italia

Che farà il suono, e i colori chi mai?
Collina, collina, acqua, montagne;
prato di girasoli in fiamme verso il mare,
cinereo Vesuvio, nevi marmoree di Carrara.

Un bottone blu Venezia
cercato in trenta negozi,
acquistato

Un fungo bello grosso e
marrone oro come busa di vacca,
comperato

Un vino rubesco del posto cacciato
per le valli a tornanti degli Appennini,
stanato

La distanza zirla di mormorii
come porpora rossa e azzurra,
girondolona

Non ci può essere paradiso come questa
voce flautata di maschio colma di fanciulle,
aria del vespro, sigillata nella sua radura,
anima che emerge dalle sue vesti di carne.

Greece, Mosaic

Go now to the market, take
tomatoes, cheeses, ovoid stoneskinned
breakfasts for the week
— and sunrise for tomorrow.

Hike the dried up riverbed,
three miles, three hours;
three hours because the pitch of it
— the waylay of flowers.

We have slept moon full and more
and then, until sleep ceases; bees muezzin,
sheep plonkfoot, a one note boat horn culminates
— evocative as opera.

Departure is a gory hour,
cicadas, caves, shark seas, dissolving;
flayed sunset, a carcass sadness to it
— the metal taste upon the tongue is star.

Grecia, Mosaico

Vai al mercato adesso, compra pomodori,
formaggi, ovoidi colazioni in guscio
per la settimana
—e alba per domani.

Risali il letto secco del fiume,
tre miglia, tre ore;
tre ore perché la salita
—distrazione dei fiori.

Abbiamo dormito luna piena e più
e ancora, finché il sonno cessa; le api muezzinano
le pecore zompano, la sirena monocroma di un barcone
apogeizza—suggestiva come opera.

Partenza è un'ora sanguinosa,
cicale, caverne, mari pescicani, svaniscono;
tramonto escoriato, triste come un ossame
—il gusto ferreo sulla lingua è stella.

Turkey, Oil

Cautioned as a child
never to look at the arc eye of a firing
acetylene torch for blindness
would ensue, now use of voice is almost
as anathema; speech has been wicked from the tongue.

And the ands
And the thes
Dervish, yoyo slowing,
Wisp, keel, breathe haze
Seize up, pulse out

Vistas are
Bulbous and
Spindly, mosques
And minarets, squash
And asparagus

There is no hash
At the Smyrna Club
But hookahs topped with
Tobacco fists better dope
Both robe and west dressed

Pairs of serving boys skirt pewter air
swinging hanging trays of cerise sweets,
their flanged tongs are poised; I realize,
fingers outstretched,
the candies, the candies, are coals.

Turchia, Dipinto a Olio

Avvertita da bambina
di non guardare mai l'occhio voltaico
di una torcia ad acetilene accesa perché cecità
sarebbe occorsa, ora l'uso della voce è quasi anatema;
il linguaggio è stato asportato dalla lingua.

E le e
E gli i
Dervisciano, rallentano a yoyo,
Sfumano, carenano, spirano foschia
Congelano, sobbollono

I panorami sono
Bulbosi e
Affusolati, moschee
E minareti, zucche
E asparagi

Non c'è hashish
Al Circolo Smyrna
Ma hookahs coronate di tabacco
Van meglio della droga
Sia vestiti alla turca che all'europea

Camerieri a coppie costeggiano aria di peltro
brandendo vassoi a dondolo di dolci ciliegia,
le loro molle a flangia equilibrate; mi accorgo
distese le dita, che i dolci,
i dolci sono carboni.

Iran, Tapestry

The bazaar is a blizzard of mutter, shouts and vapor

which all add bright to air. Fleas and gold and Coca Colas.

The rice seller and ruby broker are stall to stall.

Purveyors of rugs
cache
libraries of carpets.

There is one, sheening, born Tabriz, 1910 of silk million threads

dyed bug and berry and pulverized oxide

there to stalk, here to covet.

It was not at first glance
so light-lit;
ochre like earth in cast.

By size it would accomodate a reclining three year old, only.

But upon display, which resembled baby cradling, it flushed with life

rolled forth and over muscling from its owner's forearm

and there a pelted thing
glowed tiger
and blood beat under it.

Iran, Arazzo

Il bazar è una tormenta di brontolii, grida e vapore

il tutto aggiunge splendore all'aria. Pulci e oro e Coca Cola.

Il venditore di riso e il sensale di rubini sono fianco a fianco.

Chi porta tappetini
nasconde
biblioteche di tappeti.

Ce n'è uno, lucente, fatto a Tabriz, 1910, di milioni di fili di seta

color insetto e bacca e ossido in polvere

là da scovare, qui da appetere.

Alla prima occhiata non fu
così acceso-di-luce;
tinta ocra come terra.

In dimensione accomoderebbe solo un bambino di tre anni, disteso.

Ma in mostra, che assomigliava a un cullare, si animò di vita

si srotolò avanti e indietro dall'avambraccio del suo padrone

e un oggetto impelliciato
scintillò tigre
e sotto pulsò sangue.

Afghanistan, Lithograph

In very cold and very moon:
brown food in a brown room.

They had a rice dish
mixed of vegetables
raisins and camel,
but they took the camel
out in the kitchen
if you said "vegetarian."

We sit in Afghanistan eating
rice and rats run the floor.
A person talks of Peru and
eating rice as rats ran the
floors; outside the desert,
but it is the moon.

Afganistan, Litografia

In molto freddo e molta luna:
cibo bruno in una stanza bruna.

Mangiavano un piatto di riso
misto a verdure
uva passa e cammello,
ma riportavano il cammello
in cucina
se dicevate 'vegetariano.'

Siamo seduti in Afganistan mangiando
riso e topacci corrono sul pavimento.
Un tale parla del Perù
e di mangiar riso mentre topacci
correvano sui pavimenti; fuori il deserto,
ma è la luna.

Pakistan, Crayon

The border
is jackstraws
with rifles.
Walking it
backpacked,
wool wrapped
at altitude.
Sand. Fern. Burn. Land.
Like I's in long line.
Stick fences
delicate as parasols.
Pakistan.

Miniature
slopeholding
rice forests
take thought
to giant.
O eyes.

Scenes of water buffalo
impossible as pterodactyls
must but be cartoons;
infundibula from childhood,
geography book-looking.
And the actual annealed.
The turbaned.
The cobra's S-ing.
Train station.
The public spigot bathers.
The un-to-be-touched ever.
The sufferer denatured.

Pakistan, Disegno a Pastello

Il confine
è stecchini
con fucili.
Percorrendolo
con zaini,
avvolti in lana
secondo l'altitudine.
Sabbia. Felci. Bruciature. Terra.
Come i in una lunga fila.
Steccati di paletti
fragili come ombrellini.
Pakistan.

Selve di riso
in miniatura
puntellano pendii
trasportano il pensiero
a gigantismi.
O occhi.

Scene di bufali d'acqua
improbabili come pterodattili
devono essere fumetti;
innaffiatoi dell'infanzia,
geografia libresca.
L'attuale reso fossile.
Quelli in turbante.
I S-ing del cobra.
Stazione ferroviaria.
Quelli che fanno il bagno in lavandino.
I mai-toccabili.
Chi soffre, non più umano.

India, Watercolor

Floating holy nowhere
I'd never
heard such
complex, twirling,
pound of silkworms
howling, from a boy:
dawnhour tonguething lifenoise.

An arrow is in the air
all day now
I fear a thing:
that in Gir Forest
of tiger, vipers
this will not have been:
a green bird flying the green wind.

India, Acquerello

Fluttuando santa
in nessun posto
non ho mai
sentito tante
complesse, imbozzolate, vorticanti,
martellanti urla da un ragazzo:
arialba oggettolingua rumorvita.

Una freccia è nell'aria
tutto il giorno ora
ho paura di una cosa:
che nella Foresta Gir
di tigre, vipere
questo non sarà stato:
un uccello verde in volo nel vento verde.

Sweden, Woodblock

Thinking
has no
heartbeat
in it like
the arctic.

Bird is minutes bled frozen then windwashed for weeks out a windowbox.
A Lapp drives his two-naught-six reindeer onto R.R. tracks for Royal cash.
Coal stove snug train moves at contrabassoonal growl toward the Arctic Circle.
Stars or is it snow or is it rapture or are they maths, painting the heavens December?

Thirty seconds'
atmospherelessness
consciousness
thin as
ice skins
of the lake
breaking.

Nibs of new vegetation gliss the boardwalk of the birch twig, coatswhite, capsgreen.
Paralysis of many months and meters ice; sun seen semaphoring through isinglass.
Guessing it fox, a leap's length of whey-hued snow swims butterfly at horizon.
Ski trail hisses less, goes bruised blipblue, and is apparently dying.

Svezia, Stampo di Legno

Il pensiero
non ha mai
il batticuore
che ha
nell'artico.

Un uccello in minuti è dissanguato surgelato e poi strigliato dal
vento per settimane in una cassetta portafiori. Un Lappone guida le
sue 206 renne su rotaie per contanti dal governo. Un treno comodo a
carbone tira con ruggito di contrabbasso verso il circolo Artico. Stelle
o è neve o è estasi o solo matematiche che dipingono di dicembre i cieli?

Trenta secondi
di consapevolezza fuori
dell'atmosfera
sottili come
pellicole di ghiaccio
del lago
che si frangono.

Cime di vegetazione novella fan scintillare l'assito del ramo di betulla, in
giacca bianca, cappelli verdi. Paralisi di molti mesi e ghiaccio a metri; il
sole visto lampeggiante attraverso mica. Credendolo volpe, una falcata di
neve color siero nuota, farfalla, all'orizzonte. La pista fischia meno, va
contusa bluboccheggiante, e sembra stia morendo.

Egypt, Graphite

Camel hills—hundred pounds
silicic mountains—megatonic
and the pyramids stabbing sky;
bazaar confections attracting flies
at a rate bettering excrement, 8:1, and the sun, and the sun.
This Africa is bandy legged,
the poor minimed,
dhows breathy,
heat cudgeling.

What is there to drink and feed
and dream from this?
And why did the ancients
upon milking their herds
scything their fields, sculling the chummed air of sleep,
still and too,
decide to squiggle
in gold and tight starrets of lapis
on the sarcophagi of their despots?

The easiest poem is the pyramids,
the electrum gleam of the pharaohs'
basalt encasings and the asp wiggling
awake off a cone of sand.
The gut-Christing poem is the twelve seconds when a bus
the weight of a star cleft
the seashell of a boy who crossed
a street near the cemetery residences
there, there, in gimcrack Cairo.

Egitto, Graffito

Dorsi di cammello — quaranta kili
di grasso — extrapotenti
e le piramidi cielo trafiggenti;
le paste nei bazar esca per mosche
meglio di feci 8 a 1, e il sole, il sole.
Quest'Africa ha le gambe storte,
i poveri ridotti a niente,
i dhow a vela ariosi,
il caldo una batosta.

Con questo che cosa c'è là
da bere e mangiare e sognare?
E perché mai gli antichi
mentre mungevano mandrie
tagliavano l'erba, solcavano l'aria di esche del sonno,
eppure e anche,
decisero di geroglificare
in fitte barre di lapis d'oro
sulle tombe dei loro tiranni?

La poesia più facile son le piramidi,
il fulgore ambrato sui sarcofaghi
di basalto dei faraoni e la vipera che destata
struscia da un cono di sabbia.
La poesia che stende un Cristo è i dodici secondi
quando un pullman dal peso di una stella
spaccò in due il guscio di un ragazzo che attraversava
la strada vicina a appartamenti cimiteriali
proprio là, nel Cairo specioso.

New Zealand, Pastel

—There's a Maori word
for moon-murked,
salty, noisy water;

—a single term for a chief who is cold
and heaps warm sand on himself,
to the neck, toward evening;

—for glint glistening
an effect found in the lake's lightning
but also in a lover's eyes.

—A word that tells while boisterous winds
ruffle outer waters, a youth is swallowed
by a sharp-lipped spring near the glacier;

—name for the place at the end of a swamp
where the fish are sweetest
but the reeds poison to touch or glancing;

—and for the dead, as they float,
and the undertow and likeness to drowning
which accompanies dream or life leaving.

Nuova Zelanda, Dipinto a Pastello

—C'è una parola Maori
per acqua salata,
rumorosa, intorbidata di luna;

—un solo fonema per un capo che ha freddo
e ammucchia sabbia calda su se stesso,
su fino al collo, verso sera;

—per lanugine che brilla
un effetto trovato nel bagliore del lago
ma anche negli occhi di un amante.

—Una parola che dice che mentre venti riottosi
increspano acque al largo, un giovane è inghiottito
da una fonte aguzzo-orlata vicino al ghiacciaio;

—nome per un luogo alla fine di una palude
dove i pesci sono prelibati
ma i giunchi veleno al tatto o alla vista;

—e per i morti, quando galleggiano,
e per la corrente e metafora di annegamento
che accompagna il sogno o il lasciare la vita.

Greenland, Frieze

All snows
and always whitening
cap and floes and stone.
The land is hill,
the housesteeth,
yellow, brown,
bleed and green.
The huskies' orchestral
highpitched mutters
gloss all the night
woodwind and gong.

A village of hooo dogs
surely as Inuits.
Each alert,
weather weighted.
The skipfoot fisherkids
grabfood pups,
the worm medicine,
gravemark berg ice;
and monstrance faces
long line winding
and coaltar, starchunk eyes.

Groenlandia, Fregio

Tutta nevi
e calotta macigni e iceberg
che di continuo imbiancano.
La terra è collina,
le casedenti
ingialliscono, imbrunano,
sanguinano e rinverdiscono.
L'acuto brontolío
d'orchestra dei cani esquimesi
glossa tutta la notte
rintocca e vibra.

Un villaggio di cani latranti
senz'altro d'Inuit.
Ciascuno all'erta,
ammaestrato dal tempo.
I bimbi pescatori che saltellano
i cuccioli che arraffano,
la medicina per la tenia,
il cumulo di ghiaccio in memoria;
e volti da Benedizione
lunga linea che si sdipana
e occhi nerocarbone, pugni di stelle.

III.

III.

This Kid In Our Class, M.M.

In Michigan in '54
all second graders got
guinea pigged by Dr.Salk

I recall that I was starstruck
by the roses on the fences
and worried about:
Polio Shot. Ushered

we went to a green room
and the medicine was pink,
I was seven. In the hall
— saw a boy

all the gauze in the world
was around him
like a heaven.
— He must have died;

there's a chance it was just
a broken arm
but anyway, O was he
swathed; I saw his

look for a second
and I saw
all the stupid stuff that
was coming up:

lunch, the yoyo contest
First Communion, arithmetic tests;
and all of us kneeling there
craying and prying.

Questo Ragazzo Nella Nostra Classe, M.M.

Nel Michigan nel 1954
tutti gli alunni della seconda elementare
furono usati come cavie dal Dr.Salk

Ricordo che fui stordito
dalle rose sugli steccati
e l'iniezione anti-polio
mi preoccupava. Scortati

andammo a una stanza verde
e la medicina era rosa,
e io settenne. Nel corridoio
—vidi un ragazzo

tutta la garza del mondo
lo circondava
come un cielo.
—Doveva esser morto;

forse era solo
un braccio rotto
ma in ogni caso, O
s'era bendato; vidi il suo

sguardo per un secondo
e vidi tutta
la porcheria ridicola
che risaliva:

colazione, la gara a yo-yo
Prima Comunione, i compiti in classe di aritmetica;
e noi tutti in ginocchio là
piagnosi e curiosi.

Ambush

We have these
 winter light
watercress
 delicate
 photographs.
Face translucent
 lotus leaf.
 There's a
quaver in
 each picture
 and I wonder
that he
'stood there
 for such
shots.

I try to
 sleep but the
moon is the
 window like
 a flashbulb
or a root
 pulled out
 white by
a child.
 There is
 still a
zero in me
 because of
 what happened
to you.

Imboscata

Abbiamo queste
fini
fotografie
di crescione
in luce invernale.
Volto pellucido
foglia di loto.
C'è un
tremolío
in ogni foto
e mi chiedo
se lui
davvero posò là
per quelle
istantanee.

Cerco di
dormire ma
la luna è la
finestra come
una lampadina
o una radice
estirpata
bianca da
un bambino.
C'è ancora
uno
zero in me
per quel
che ti
accadde.

The Deathwright

he created hells with six little steel spits
from a stupid blueblack
stick-a-fierer

—touch here—
and all the boy blood
all duck whizzing autumns
skies of 'range red starry
and the heather-meadow-pudding bellying
—end here—

Artificeredimorte

creò inferni con sei spiedini di acciaio
da uno stupido petardo
blunero

—tocca qui—
e tutto il sangue di un ragazzo
tutti gli autunni di sfreccianti paperi
cieli stellati rosarancio e il soffice
prato d'erica che s'increspa
—finiscono qui—

Ever Hitlers

There cantilevered on a bough of time
a man who simmers murder stares the air.
A blau and bruise and brown, resembling wine
compose the breath of night, shake down a hair
of stars, then tail-yank evening from its lair.
He sits rippleless; uliginous he thrills
to gaze at, brainstopt, all the gory hills

of interlocking dead; couples, kid, a girl,
that moment in a gentle, thriving dream
stopped blank as jolts of blood would cause a curl
to seep around a knife's quick tip and gleam
then cull a sleeping infant from his mien—
This done, the years contrive to seem to change.
Yet Goths, Pol Pot, Nero, a cave, a plain.

Sempre Gli Hitler

Là mensolato su un ramo del tempo
un uomo che spira assassinio fissa l'aria.
Un blu livido e un marrone che sembra vino
fanno il respiro della notte, scrollano giù un filo
di stelle, poi per la coda tiran la sera fuori dalla tana.
Lui siede quieto; paludoso si bea a guardare,
a cervello immoto, tutte le cruente colline

dei morti allacciati; coppie, un bambino, una bimba,
quel momento in un lieve sogno fiorente interrotto
di colpo mentre fiotti di sangue facevano colare
un ricciolo intorno alla svelta punta di un coltello e scintillare
e infine scerpere dal suo aspetto un neonato addormentato —
Ciò compiuto, gli anni ordiscono un apparente mutamento.
Ma ancora Goti, Pol Pot, Nerone, una cava, una piana.

Quittance

Sitting there
having coffee,
pancakes
you were doing
your high wire act
I was trudging
the polar icecap
we couldn't agree on
the flapjacks were bad
or the coffee was good.

Sweet soul, dear boy ways, Hugh.

Now, just what am I
supposed to do
with your love
like so much
newborn puppy
or bowl of goldfish
left on my doorstep,
anonymous; you
spill wolves on me
uninvited.

Pari

Sedendo là
prendendo il caffè,
pancakes
tu facevi
il tuo atto di funambolo
io abbordavo
la calotta polare
su cui non ci mettevamo d'accordo
eran cattive le frittelle
o era buono il caffè.

Dolcezza, cari modi di ragazzo, Hugh.

Ora, che cosa mai
si suppone ch'io faccia
con il tuo amore
ch'è tutto cucciolo
appena nato
o vaschetta di pesci rossi
lasciata presso la mia porta,
anonima; tu
non invitato mi
rovesci addosso lupi.

Farm Kid Arted

—"But this town you know"
   he said
    "there is no red bird
    or green word catting
    around here, nothing
    _____exciting."

—"I put toast in the toaster
   and the toast pops up
   and I eat it;
   not the glory
   of the wheatfield
    _____anymore."

—"The sky is old woman hair
   blue
   black and white television
   blue
   yet I find myself often
    _____transfixed."

Il Campagnolo È Indottrinato

— "Ma questa città che conosce"
    disse
    "Non c'è un uccello rosso
    o una parola verde che giochi
    qua attorno, niente
    _____di eccitante."

— "Metto un crostino nel tostapane
    e il crostino salta su
    e me lo mangio;
    lo sfarzo
    del campo di frumento
    _____non c'è più."

— "Il cielo è capelli di un'anziana
    azzurro
    la tele in bianco e nero
    azzurro
    e tuttavia mi trovo spesso
    _____sbalordita."

Tupilliiq, Greenlandic Husky

The dog is young and blau and wingéd; blue, blue black, a white slight blue, and grayish. He dream-swims snow with pawing paint strokes during sleep. Eyes mined from the glacier, steep deep down and suffered? An engine of swiftness; howling he grins.

Flight is willed by those quick feathers that house and heat him—the fur. Beast as green running and blue hair of speed. Words out the feet are hit and hot. Hiss and havoc the other two. He's a soundingboard of insularity and fret and rut and guile.

Tupilliiq, Cane da Muta Groenlandese

Il cane è giovane e blu e alato; blu, blu nero,
un bianco leggermente blu, e grigiastro. Nuota
in sognoneve con pennellate di zampe durante
il sonno. Occhi pazienti scavati dal ghiacciaio
giù nel profondo? Un turbine di velocità;
ululando ridacchia.

Il volo è deciso da quelle penne veloci che gli
fan da casa e calore—il pelame. Belva come
verde in corsa e azzurro pelo rapido. Parole
dalle zampe sono forza e foga.Sibilo e sfacelo
le altre due. È una cassa sonora di insularità
di agitazione foia e inganno.

Sudden and Neverstopping Death

You come to me a voice quite creped in grey.
I cannot know your mother died all night.
There is a bloat that's worn instead of face.
You are harpooned and rent and drained of light.

He sallies by, a year has pulsed and whirled.
Her death has been companion as a scar.
I nod, and then a look, a shark, a stare
gems off his eye and keeps the world ajar.

Morte Improvvisa Chenonsifermamai

Vieni da me una voce crespata ben bene di grigio.
Non posso sapere che tua madre morì
tutta la notte. Invece del viso appare un gonfiore.
Sei arpionato e straziato e prosciugato di luce.

Un anno ha pulsato e ruotato, lui esce a passeggio.
La morte di lei lo ha affiancato come cicatrice.
Accenno, e poi uno sguardo, da pescecane, che squadra
gli gemma dall'occhio schiudendo un varco sul mondo.

Jim In Amazon

River orchids eggs of reptiles
purple cathedraled lepidoptera
gauzy hours?
Did you capsize Are there zephyrs
Is it snakey?

Water whistling evening anygood?
Have you found in a dun dust town
wine miracling
as our swim on the smooth quarry
black last summer?

Jim sugli Amazzoni

Orchidee di fiume uova di rettili
lepidotteri di porpora a cattedrale
ore impalpabili?
Sei ribaltato Ci sono zefiri
Serpenti?

Buona di sera acqua fischiante?
Hai trovato in una opaca città di polvere
vino miracolante
come la nostra nuotata nella nera
e liscia cava la scorsa estate?

The Ball Player's Mortality

Telephone.
The mucked pond of your illness
is mentioned in a phrase —
Depiction.
The flamed arm and heart of it
first said, then uttered wild and pale —
Your wife seared by reeling
blasts of facts and fear for you —
Etiology.
A whack at bat, a broken stick,
the back and its sinew —
and stomach as a sack
of God'sgone spew —
Surgery.
Her kiss that wakens you
starts a clock of stars —

Mortalità del Giocatore di Baseball

Telefono.
Lo stagno fangoso della tua malattia
è menzionato in una frase —
Raffigurazione.
Il braccio e cuore infiammato
prima detto, poi pronunciato
in stralunato pallore —
Tua moglie scottata da stordenti
raffiche di fatti e paura per te —
Eziologia.
Un colpo di mazza, una clava in pezzi,
la schiena e il suo muscolo —
lo stomaco come un sacco
di dannato vomito —
Operazione.
Il bacio che ti sveglia
comincia una cronometria stellare —

Kurr Dogg

Suffer
          still cur
                    come
from the herds
                    of cur
which graze voles
                         off the hills
and drink hot bones
                              from birds
to graveyard and bazaar
                              where
you are alone
                    and you vault
and the leap
                    trails stars.

Kaane Masstino

Vieni
        ancora
                mastino
dalle mandrie
                di mastini
che razziano topi
                dalle colline
e bevono ossa calde
                    da uccelli
a cimitero e bazar
                dove
sei solo
        e ti slanci
e il tuo salto
            strascica stelle.

For Your Thirtieth Birthday

My cousin,
in his burly grammar
tells me of his cancer.
Some panther slips over
and noses that throat-cut
rabbit of hope — my heart.

Night gone morning talking
foments no adjustment.
You're dying...my sister
says you are not saying.
Her voice fulminates
with aching.

Per Il Tuo Trentesimo Compleanno

Mio cugino,
in grammatica brusca
mi parla del suo cancro.
Una pantera s'insinua
e annusa quel farabutto
coniglio di speranza — il mio cuore.

Finita la notte, la chiacchiera mattiniera
non suscita adattamento.
Stai morendo...mia sorella
dice che non dici.
La sua voce
fulmina di dolore.

Illness at Once Gorgeous

A fever took me up to Kashmir. It was in the beginning a train ride, and then four times as much bus. It was two days. It was breathless winding up the Korakoram range with the bus driver turbaned and wild at the steering wheel. The vehicle was wood chassised, reminiscent of the age of biplanes, and tin-skinned, like inside the belly of a ten ton oil drum. Every three hours, dark or light out, the conveyance stopped for tea. It was November and the teahouses, dots in the world, seemed churches by all the warmth and tallow they spilt out. Twice sunset looked ingot in the sky, and both moons were memorable, pale fungus scales, yellow.

Then some illness came fiery upon me: throat and throb, and skin that mimicked lettuce leaf in delicacy and pallor. No sleep nor peace nor ease was given, and never did my vision cease its swim and curling toward every image oncoming.

Malattia Subito Stupenda

Una febbre mi portò sul Kashmir. All'inizio fu un viaggio in treno, e poi quattro volte tanto in autobus. Due giorni. Mozzava il fiato salire per la catena del Karakorum con il conducente in turbante spiritato al volante. Il veicolo era col telaio di legno, da tempo dei biplani e la carrozzeria di latta, come dentro il ventre di un barile di petrolio da dieci tonnellate. Ogni tre ore, facesse buio o chiaro, il mezzo si fermava per il tè. Era novembre e le sale da tè, puntini nel mondo, sembravano chiese per tutto il calore e il sego che spandevano. Due volte il tramonto sembrò lingotto nel cielo, e ambedue le lune furono memorabili, pallide scaglie di fungo, gialle.

Poi una malattia mi piombò addosso rovente: gola e ansito, e pelle che imitava la foglia di lattuga per delicatezza e pallore. Non mi fu elargito sonno o pace o sollievo mai, mai smise la mia visione il suo nuoto a spirale verso ogni immagine che arrivava.

Uncle Angelo: b.1903 and WWI and WWII

I was on bed and thinking nothing
about to grab the green water glass
for a sip, and I thought it:
Ravish Nothing.

That is pretty much my father,
rather me, and partially
my sister, brothers;
to bit degree my mother.

And assorted relations included.
The more the Catholic
more wholly it applies:
Ravish Nothing.

Angelo—good and bad / sex and less
time and stir and heat and cant
but cannot, does not;
gentle, like no animal but man

and spun in the wraps
of what-hell-who;
say kill but
fish, worm, fowl, deer—not.

But O yeah, nuclear
O yeah, Commies.
No, not a fly, cry o'er a cat,
bury a backyard robin.

But O, kill Russians.

Zio Angelo: n. nel 1903 e Prima e Seconda Guerra Mondiale

Ero a letto e pensavo a niente
stavo per afferrare il verde bicchiere d'acqua
per un sorso, quando mi venne in mente:
Non Far Male a Nessuno.

Tutto sommato, questo è mio padre,
anzi me, e in parte
mia sorella, fratelli;
un pochino mia madre.

E parentele assortite comprese.
Quanto più cattolico
tanto più valido:
Non Far Male a Nessuno.

Angelo—bene e male / sesso e no
l'epoca darsi da fare e foga e balle
non fan per lui;
mansueto, come nessun animale tranne l'uomo

e avvolto in giri di
che cazzo, chi;
dice ammazza ma non
pesce, verme, uccello, capriolo.

Ma però sì molla la bomba
Eccome, sui Rossi.
No, non la mosca, piangi per un gatto,
seppellisci un pettirosso del giardino.

Ma oh, ammazza Russi.

The Scot Not Funeraled
(For Wallace)

—Certain That It—
halts when thought stops,
time and dream
are ending on this spoon.

   A good woman
   attends her
   dying mate.

"If we could first glance
we can last gaze.
Once touch
then ten thousandth kiss.
Swish our hips
you to piss
I to foray
very near
O, your!
slack foot."

   Out the door.
   Put in a box.
   Put in a fire.
   Put in a jar.

"I could salt my cereal
with these ashes
and still not swallow
one lick
—Of Human Gone—"

Lo Scozzese Senza Funerale
(Per Wallace)

—Sicuro Che Esso—
si ferma quando il pensiero lo fa,
tempo e sogno
finiscono su questo cucchiaio.

   Una brava donna
   presenzia alla morte
   del suo compagno.

"Se all'inizio potemmo guardare
possiamo alla fine fissare.
Un tocco e poi
il decimillesimo bacio.
Scuoti i fianchi
tu per far acqua
io per far scorrerie
vicinissima
O, al tuo!
piede indolente."

   Fuori della porta.
   Messo nella cassa.
   Messo nel fuoco.
   Messo in un'urna.

"Potrei salare il mio cereale
con queste ceneri
e ancora non inghiottire
un sorso
—Di Umano Trapassato—"

Adjusting The Knobs Of Prayer

The lights go out
like a plugpull
and except for
the hiccup clocking
I am in a forest,
though bedroom.

This might be
paradigm
for something
more ringing:
when a creature's
potted

cracked between
the eyes like
a roebuck
suddenly
golden no more,
we guess that

the game is up;
that henceforth
dialogue
with one's God
will snag a little,
a throat

caught
with a hair
which cannot
be swallowed,
for no reason,
forever.

Sintonizzando La Preghiera

Le luci si spengono
come una spina staccata
e non fosse per il
singhiozzo del rintocco
sono in una foresta
anche se stanza da letto.

Questo potrebbe essere
paradigma
di qualcosa
più risonante:
quando una creatura
è bevuta

fesa tra gli occhi
come
un daino
improvvisamente
non più d'oro,
indoviniamo che

il gioco è finito;
che d'ora in avanti
il dialogo
con il proprio Dio
inciamperà un po',
una gola

intasata
da un capello
che non si può
inghiottire,
per nessuna ragione,
in eterno.

IV.

IV.

But Soothed, But Swallowed

Stuck, a fisherman's hack
off the north coast of Ireland:
one kid, a year, 1/8 share of the haul.
    Tom died at sea, aged fifteen.
I dispose of this fact
because it would distract
from the great flips of fish we'll see,
the boy jostling intricately
with the waters,
the old man's tough hands
and weaver's fingers, persisting.
    His Leaving Of School occurred
a mid-October morning.
Indelicate anatomical drawings
finally acted to crack the back.
    Ten thousand shenanigans
had Tom to his credit
but suddenly...it was Tuesday
and hail zipped in the sky
the sheep smell
jumped out of his pullover
and hooting rain
smacked his face...
He was put out to wander,
dismissed from school
—no qualifications.
"Shit" he muttered.
    Saw a sign,
pinned to a board, scrawled.
"FISHERMAN'S ASSISTANT" it offered.
"Goddamn" got thought by Tom.
    Hitching north,
off at the docks
he asked the whereabouts
of the boatman, "Nanany"
the name on the tacked up scrap.

Inghiottito, Ma Confortato

Incastrato, il garzone di pescatore
al largo della costa nord d'Irlanda:
un ragazzo, un anno, per un ottavo della pesca.
   Tom morì in mare, all'età di quindici anni.
Mi libero di questo fatto
perché distrarrebbe dalle massicce
impennate di pesci che vedremo,
il ragazzo spintonando
a fatica tra l'acque,
le forti mani del vecchio
le sue tenaci dita di tessitore.
   Il Suo Congedo Da Scuola ebbe luogo
un mattina di mezzo-ottobre.
Disegni anatomici spinti
gli diedero il colpo di grazia finale.
   Tom aveva diecimila
buffonate a suo credito
ma all'improvviso... un martedì
grandine sibilò nel cielo
l'odore di pecora saltò
fuori dal suo pullover
e pioggia stridente
gli schiaffò la faccia...
Fu messo fuori a girovagare,
licenziato dalla scuola
— privo di diploma.
"Merda," mormorò.
   Vide una nota
scarabocchiata, affissa a un'asse.
Diceva: "ASSISTENTE PESCATORE"
"Mi venga un colpo," pensò Tom.
   Autostoppando a nord
presso gli imbarcaderi
chiese dove si trovava
il pescatore "Nanany"
il nome sulla nota puntinata.

Tom walked a rust road,
dirt lane, stone path,
in search of the fisherman's hut.
He was so shivered,
he stepped slow,
not wanting the arrival, really,
preferring to stay in the rain
maybe, and chill, cold,
seizing numbness,
—then good the fog—
and a little past that, to sleep.
It loomed up quick, however,
five minutes only,
the door cheap paint pale blue.
    "I've come for the job, fishing"
the kid said, full dread,
to Senan Nanany
certainly seventy-five
and wily and gruff and spike thick
in the fingers, and cords of the neck.
Tom looked a green, willowy guy,
but Nanany knew
the kid would work.
And so he was taken on.
    The two scraped past autumn,
with some seas blue
though most looked bitumen.
Lay for the cod, haul them
then shovel the same load
over again;
the salt and your hands and the cold
and the death and the sun
and the zeeming of the weathers
"...get close to you as anything can,"
Tom confided
around Christmastime
at the Christmas Dance
to some girl he'd scuffed up to.

Tom scarpinò per una strada ruggine,
vialetto di terriccio, sentiero pietroso,
in cerca del capanno del pescatore.
Tremava tanto che
camminava lento,
non volendo arrivare, in verità,
preferendo stare nella pioggia
nel gelo e freddo, forse
un crescente torpore
—poi la bella nebbia—
e poco oltre quella, dormire.
Ma cinque minuti e la porta
tinta un misero blu pallido
sorse di botto.
  "Son venuto per il lavoro, pesca"
disse il ragazzo tutto tremarella,
a Senan Nanany
di certo settantacinquenne
e astuto e rozzo e bulloni
per dita, e funi nel collo.
Tom sembrava uno smilzo pivello,
ma Nanany sapeva
che il ragazzo avrebbe sgobbato.
E così fu assunto.
  I due sopravvissero all'autunno
con alcuni mari di cobalto
ma i più come catrame.
Butta le reti per i merluzzi, íssali
a bordo e poi riarrangia
lo stesso carico;
il sale e le mani e il freddo
e la morte e il sole
e il maltempo caotico
"...ti vengono addosso bestialmente,"
Tom confidò
tempo di Feste
al Ballo Natalizio
a una ragazza cui s'era strascinato.

Winter gave uneasy sailing.
Occasionally Tom looked hard
at the catch and the eyes of it
sent his mind to swimming
in a sort of thrashing way.
He granted silently that the colors
—silver, greensbluespinkscitron,
all draining down into grey—
were clamorous, pyrotechnical,
but then again
they had assented
to get caught,
he breathed quick,
that's it.
     In spring came
peaceful excursions out
with lolling flights home
and full holds.
Big fish surfaced now,
large as ponies seeming,
and their movements
were often so delicate
reminding him
of a moth he had tracked
all morning once,
through miles of a milkweed pasture,
only to be led to Ben Cullen cliff
and then to be left there,
suspended, staring.
     May 5th was a great day out,
the sea flowering and fragrant
and thick with fish,
and May 6th was a bad day out.
     Tom and Nanany noted
the sky had a fishguts
look to it when they put out.
No worry could be
located, however,

L'inverno portò grami veleggi.
Di quando in quando Tom guardava fisso
la retata e l'immagine
gli stordiva la mente
come un batacchio.
Concorreva in silenzio che i colori
— argento, verdeblurosacitrino
tutti sciacquati a grigio —
erano clamorosi, pirotecnici,
eppure poi
avevano consentito
ad essere presi,
lui ansimava,
e tralalà.
    In primavera vennero
gite tranquille al largo
ritorni oziosi rapidi
e stive piene.
Ora affioravano pescioni,
all'apparenza grandi come puledri,
e i loro movimenti
erano spesso così leggeri
da rammentargli una falena
che aveva seguito
una volta per tutto un mattino,
attraverso miglia di un campo di asclepiadee,
solo per esser guidato alla scogliera di Ben Cullen
e esser lasciato là,
in bilico, occhi strabuzzati.
    Il 5 maggio fu un gran giorno al largo,
il mare in fiore e fragrante
e fitto di pesci,
e il 6 maggio fu un brutto giorno al largo.
    Tom e Nanany osservarono che
il cielo, quando salparono,
aveva l'aspetto di budella di pesce.
Nessuna apprensione tuttavia
degna di riguardo,

only a sort of itch
that ghosted Tom
more pronouncedly
than it did Nanany
who acknowledged the presence
but then seemed able
to manhandle it off his back.
The man laughed that day
countless times
and he hadn't chuckled
but once a month
to the boy's best recollection.
    The sea was blossoming
and the haul was fair.
Imperceptibly,
the mood of the water
moved a notch
and then another
and in ten minutes
the sunlight was staunched,
a full storm imminent.
The fellows battened down.
Their ears popped.
The throttling intensified.
Air groaned
and the waves looked flaming
as if black fires would
drink them in gloating.
But Tom resisted
the siren song now
unlike the time in the rain
outside Nanany's hut
long months ago.
    When the storm calmed
by a few degrees
the two realizing
they had survived it,
Tom spied an emerald

solo una specie di brivido
che sgomentava Tom
alquanto più
di Nanany
che ne riconosceva la presenza
ma sembrava capace
di scuotersela di dosso.
L'uomo rise quel giorno
un sacco di volte
e non aveva ghignato
che una volta al mese
a quanto il ragazzo ricordava.
    Il mare germogliava
e la retata era discreta.
Impercettibilmente,
l'umore dell'acqua
si mutò un tantino
e poi un po' di più
e in dieci minuti
il sole fu estromesso,
imminente una tempesta coi fiocchi.
I nostri soci fissarono le vele.
Le orecchie gli fischiavano.
La turbolenza s'intensificò.
L'aria si lamentò
e le onde sembrarono fiamme
come se neri fuochi le bevessero
con pazza gioia.
Ma Tom resistè
al canto delle sirene questa volta
non come al tempo della pioggia
fuori del capanno di Nanany
lunghi mesi prima.
    Quando la tempesta
andò un po' giù di giri
e i due si accorsero
che le erano sopravvissuti,
Tom scorse una scarica

crack of lightning to port.
Transfixed,
he nevertheless
called Senan who,
pivoting around to respond,
witnessed Tom
being swept away
by a freak ton of water
that struck at the boat
like a meteor
randomly impacting.
   He could see the boy.
The boy didn't want to sleep now
and he hit the first wave,
fisting, as if it were a lion
and the second rush
he kicked and battled
as if fending off a behemoth
and other waters were smaller
and he fought them off like yap dogs,
but finally a wave
ran by his cheek, warmly,
and he sank in it and rested.

smeraldina di fulmine a babordo.
Esterreffatto,
tuttavia chiamò
Senan che,
ruotando su se stesso per rispondere,
osservò Tom
volare trasportato
da una stramba tonnellata d'aria
che s'abbattè sulla barca
come una meteora
impattante a caso.
    Poteva vedere il ragazzo.
Il ragazzo ora non voleva dormire
e colpì la prima onda
a pugni, come fosse un leone
e alla seconda bordata
scalciò e lottò
come respingendo un leviatano
e altre acquate erano più piccole
e le scrollò via come cuccioli abbaioni,
ma alla fine un'ondata
lo prese per la guancia, calda,
e lui ci affondò in pace.

Interview The Quail Hunter

LeRoy gave me eight cleaned quail
in a block of pinkish ice—and

told the story, square, paragraphic
of how with shot you fish birds
from their swing of sky:

"The land you find them on is rough.
Chaparral, sage, low mesquite,
cholla cactus, prickly pear.

Morning and night red air.

Chollas jump. Sticks afire.

You'd never shoot a bird on the ground.
Some do of course, and shoot from trucks
and drink and shoot.

You spy quail first by hearing them.
They group in the bush and together
make a Captain Queeg-steel-balls sound.

The solitariness. You are talking with
the walking; talking to yourself along
with the pace and blend of weather and

maybe seeing a snake and the weight
of the gun. There's also the smell
of shotgun after it's fired,

the chunky shells and their specific
heft. That clash and shing
shock when you load.

Intervista al Cacciatore di Quaglie

LeRoy mi consegnò otto quaglie pulite
in un grumo di ghiaccio rosa — e

raccontò la storia, piana e paragrafica,
di come con pallottole uno pesca
uccelli dalla grandiosità del cielo:

"La terra dove le trovi è dura.
Chaparral, salvia, mesquite nani,
cactus cholla, fichidindia.

Aria rossa di notte e di mattina.

I cholla balzano. Stecchi in fiamme.

Non si spara a un uccello dove posa.
Certi lo fanno e sparano da camion
bevono e sparano.

Scovi le quaglie prima col sentirle.
Congregano nel sottobosco e insieme
fanno un suono di biglie cinesi, alla capitano Queeg.

Solitudine. Parli mentre cammini;
ti parli mentre vai
dell'andatura e tempo che fa e forse

vedere un serpente e il peso
del fucile. C'è pure l'odore
di polvere dopo che hai sparato,

i bossoli tozzi il loro peso preciso.
Quel cozzo ciottoloso e risonante
quando carichi il fucile.

But this is what happens:
a roar up murmur when the covey flies
out of the ground cover. Hit one,

puff of feathers and it

sails down scudding into rocks or
brush making a dying flutter for
ten or fifteen seconds.

Occasionally there's a head shot.

I've seen it only two, three times.

It occurs every 500 or 1,000 kills.

The quail is hit and zips straight up,
higher than its flight in lifetime.
You do not believe your seeing

and the death goes on at such a height.
Then there's a lead drop to nothing.
No activity on the earth.

That's exactly what happens.
Exactly how you feel..."

Ma quel che accade è questo:
un mormorio-rombo quando lo stormo prende il volo
su dal coperto del terreno. Ne colpisci

una e un cespo di piume piomba giù

rapido tra le rocce o la boscaglia
in un morente battito di ali
che dura dieci o quindici secondi.

A volte il colpo va alla testa.

L'ho visto solo due o tre volte.

Capita ogni 500 o 1000 uccisioni.

La quaglia è colpita e balza diritta nell'aria
più in alto di quando volava in vita.
Non credi a quel che vedi

e la morte va avanti a quell'altezza.
Poi c'è la caduta a piombo nel nulla.
Immota sulla terra.

Questo è esattamente ciò che succede.
Proprio quello che provi…"

About the Author

JANE TASSI has been immersed since childhood in the creative arts including poetry, paint, and sound. She was Detroit born and grown and has lived in San Diego for twenty years. She received a Bachelor of Arts from University of California at San Diego and an M.F.A. from San Diego State University. She now teaches at Southwestern College. Tassi has published poems in *Rolling Stone Magazine, Viet Nam Generation, Scents & Sense,* and the *Birdcage Review; LOESS,* a collaborative art and poetry book and two broadsides were published by Brighton Press. She has contributed the poetry components for three Border Art/TAF exhibitions, one of which was presented at la Biennale di Venezia. She sang on John Lennon's *Instant Karma.* Awards include the Burkhardt Prize, Ina Coolbrith Memorial Poetry Prize, and the Miles Modern Poetry Award. Tassi was a finalist in the National Poetry Series competition.

About the Translator

NED CONDINI, writer, translator, and literary critic, was the recipient of the PEN/Poggioli Award for his versions of poet Mario Luzi (New York, 1986) and of the Bordighera Prize for his rendering of Jane Tassi's *And Songsongsonglessness* (Bordighera, 2002). Short stories and poems of his have appeared in *Translation, New York, The Mississippi Review, Prairie Schooner, The Partisan Review, Mid-American Review, Negative Capability, Italian Americana, Chelsea, Yip Review* (Yale), and *The Village Voice.* Other publications include *Rimbaud in Umbria* (Multigraf, Venice, 1994) and *quartettsatz* (Bordighera, 1996). In November 2002, Condini placed first in the Winning Writers War Poetry Contest, New York. At present he is completing a selection of Modern and Contemporary Italian Poetry (1855–1955) for the MLA, New York.

*This book was set
in QuarkXpress for Bordighera
Press by Deborah Starewich of Lafayette IN.
It was printed by Printing Services of
Purdue University, West Lafayette
IN, U.S.A.*